Título original: SI LA LUNE POUVAIT PARLER
© Gallimard Jeunesse, 1997
© EDITORIAL JUVENTUD, S. A. 1999
Provença, 101 - 08029 Barcelona
E-mail: info@editorialjuventud.es
www.editorialjuventud.es
Traducción castellana de Mireia Porta i Arnau
Segunda edición, 2003
ISBN: 84-261-3131-X
Depósito legal: B. 8.635-2003
Núm. de edición de E. J.: 10.175
Impreso en España - Printed in Spain
T.G. Soler, c/.Enric Morera, 15
Esplugues de Llobregat 08950

KATE BANKS · GEORG HALLENSLEBEN

SI LA LUNA PUDIERA HABLAR

Editorial Juventud

Un par de zapatos debajo de una silla.
Una ventana abierta de par en par.
La última luz del día reflejada en la pared.

Y si la luna pudiera hablar...

contaría que la noche abraza
el bosque y el lagarto corre
hacia su casa a cenar.

Una voz canturrea. Se oye el tictac de un despertador.
Se enciende una luz.

Y si la luna pudiera hablar…

contaría que las estrellas
empiezan a brillar
y que una pequeña hoguera
arde junto al árbol.

El papá abre un libro y pasa las páginas. De ellas se escapa
una historia, como una bandera que se despliega al viento.

Y si la luna pudiera hablar...

contaría que en el desierto
el viento levanta la arena
y los nómadas se cobijan
detrás de una duna.

En la mesilla de noche hay un vaso,
un barco de madera y una estrella de mar.

Y si la luna pudiera hablar…

contaría que en la orilla
rompen las olas,
descansan las conchas
y dormita el cangrejo.

Una musiquilla sale de una caja. Un móvil gira lentamente.
Un conejo escucha, sentado en un sofá.

Y si la luna pudiera hablar…

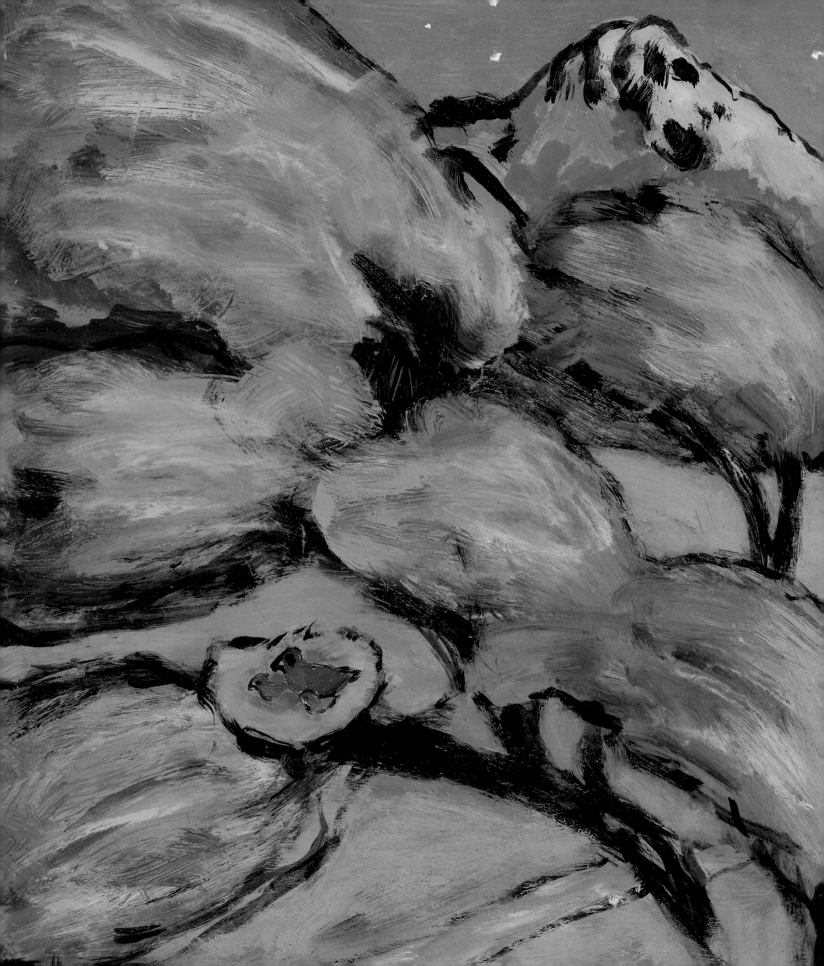

contaría que el viento mece el árbol
y el pájaro se resguarda en el nido.

La mamá tiende el conejo a su hija,
la tapa hasta la barbilla y le da un beso.

Y si la luna pudiera hablar…

contaría que, en una madriguera
de un país lejano,
una leona lame sus cachorros.

Los ojos se cierran. El silencio envuelve la noche.
Un sueño multicolor surge en la oscuridad.

Y si la luna pudiera hablar…

contaría que una niña
duerme profundamente,
acurrucada en la cama.

Y muy bajito, le susurraría:

«Buenas noches…»